Ryuichi Sakamoto

Merry Christmas Mr. Lawrence

YANO MUSIC PUBL., CO., LTD.
HONHONDO, CO., LTD.
ZEN-ON MUSIC CO., LTD.

Avec Piano

Ryuichi Sakamoto

Merry Christmas Mr. Lawrence

Theme - QB (theme-demo - #2)

Contents

坂本龍一〈戦場のメリークリスマス〉ピアノ版へのノート　　秋山邦晴　　　　　　　8

1. Merry Christmas Mr. Lawrence　　　　　　　　　　　　　　　　　13

2. Batavia　　　　　　　　　　　　　　　　　　　　　　　　　　18

3. Germination　　　　　　　　　　　　　　　　　　　　　　　20

4. A Hearty Breakfast　　　　　　　　　　　　　　　　　　　　23

5. Before The War　　　　　　　　　　　　　　　　　　　　　27

6. The Seed And The Sower　　　　　　　　　　　　　　　　　30

7. A Brief Encounter　　　　　　　　　　　　　　　　　　　　34

8. Ride Ride Ride　　　　　　　　　　　　　　　　　　　　　41

9. The Fight  42

10. a. Dismissed! / b. Assembly 46

11. Beyond Reason 49

12. Sowing The Seed 52

13. Last Regrets 54

14. The Seed 57

創作ノート 58

演奏データ 60

装丁・装画——井上嗣也　写真——坂本龍一

坂本龍一〈戦場のメリークリスマス〉ピアノ版へのノート

秋山邦晴

このピアノ曲集は坂本龍一が映画『戦場のメリークリスマス』（大島渚監督）の映画音楽として作曲したものを、自分であとからピアノに編曲したものです。

いうまでもないことですが、原曲はシンセサイザーを主体としたじつにユニークな映画音楽です。それをピアノに編曲しなおすには、かなりむつかしいところもあるはずです。しかし、もとの音楽そのものの構造が音楽的にきちんとかかれているために、ピアノ版への編曲がなかなかスムーズに、見事に変換されています。そのために、もともとピアノ曲として作曲され、そのあとでシンセサイザーによって、音の色彩の肉づけなどがほどこされ、インストルメンテーション（器楽化）されていったのではないか、などと錯覚してしまいそうです。

それに、この音楽は、ポピュラー音楽とかクラシック音楽とかいった境界線などは取り払われてしまったような"今日の音楽"です。

坂本龍一の音楽は、シンセサイザーの音楽にしても、Y・M・Oの音楽にしても、いつも単なるポピュラー・ミュージックと呼んだだけではすまされないものがあるように思います。かれの音楽のひとつの特色は、現代音楽の技術で作曲された今日の新しいポピュラー音楽ということではないかと、ぼくはつねひごろ考えています。そのことは、このピアノ曲集にもいえるのではないでしょうか。そうした新しい技術としなやかな新鮮な感性が

この曲集にもみられるように思います。

ところで映画そのものは、アフリカ生まれのイギリス国籍の作家ヴァン・デル・ポストの三部作の原作『影の獄にて』（由良君美・他訳・思索社刊の日本語訳がある。訳書のタイトルは映画とおなじ『戦場のメリークリスマス』である）をもとに、大島渚監督によって1983年に映画化されたものです。かなり原作とは変わっているところもありますが、第二次大戦中のジャワの日本軍が管理している捕虜収容所が舞台となっています。戦争という異常な極限状況のなかで、まったく異質の東洋と西洋の文化が出会います。それは主人公のひとり、純粋な精神主義者の青年将校ヨノイ大尉（坂本龍一が扮しています）と、捕虜のひとり、英国軍人セリアズ（デーヴィト・ボウイ）との出合いでもあり、またビートたけし扮する凶暴なハラ軍曹と、唯ひとり日本語がしゃべれ、日本文化の一端を知っているローレンスとの触れ合いでもあります。閉ざされた収容所のなかで、さまざまな異った人間たちが出会い、触れあい、殺し、傷つけあい、お互いの心のなかに未知の種子を蒔きあっていく熾烈なドラマ。それがこの映画です。

このピアノ曲集は、このような映画音楽からのピアノ編曲版ですが、そうした具体的な映画との関係などを一際気にしないで演奏しても、いっこうかまわないでしょう。各曲はピアノ小品とし

て、それぞれが独立していますし、ピアノの演奏をしながら、その音楽そのものを充分に愉しむことのできるピアノ曲集として纏められているからです。ですから、以下の私の各曲へのノートは、ひとつの参考文献のようなものとして読んでください。

1. メリークリスマス・ミスターローレンス　これはタイトル・バックできかれる音楽で、この映画のメイン・テーマでもあります。高音で華麗な音のうごきをくりかえすレントの導入部分につづいて、アンダンテで、$\frac{4}{4}$拍子の主要主題が登場します。華麗にして冷たい官能的な美しさと、どこか悲劇的なものを秘めながら、力強く荘重な重量感を合わせもっているこの音楽。そのひびきの奥には、5音音階の南アジアの音楽がこだましているように感じられます。軽快にはずみながら、しかもノスタルジックである短かいその旋律のくりかえし。そして4連音でリズムを刻む挿入句があって、ふたたび主題が奏されていっておわります。

2. バタヴィア　ジャワのジャカルタ近くのバタヴィアにある司令部へヨノイ大尉がセリアズ中佐に対する裁判にたちあいに出掛けるシーンの軽快ながら哀愁をおびた音楽。低音のうごきには、ガムラン音楽(インドネシアの旋律打楽器やゴングなどによる音楽)の音階をおもわせるものがあります。

3. 発芽　法廷内で検察官がセリアズに対する論告をよむシーンの音楽。前半はヨノイ大尉の〝発芽〟のモティーフといってもいい。勇敢で美貌の英国軍人セリアズに魅せられ、やがて自分以上の理想な〝武士〟をかれのなかに見いだして、異常なまでにかれに魅せられていくヨノイ大尉。その初めての対面とそうした心のうごき(発芽)は、オリジナルでは美しい弦楽器群のうたできかれる。$\frac{4}{4}$拍子、モデラートのこの主題がすこしずつリタルダンドしていって、緊迫した和音のうごきの展開となるところからは、セリアズの発言のシーンのモティーフです。これは弦楽器群のピチカートで奏されています。

4. 腹いっぱいの朝食　独房に入れられたセリアズが、その苦痛のなかで、おどけて鬚をそり、タバコを喫うマネをする場面のリズミックなレペテティヴな音楽。

5. 闘いの前　右手の高音部での下降音型のくりかえしのパターン(a)に、左手で旋律型(b)がくわわる。14小節目から、さらに低音で和音のうごき(c)が展開されていきます。この曲は友だちと2台ピアノで連弾したりすることもできます。あるいはまたひとりで工夫して、a、bをまず自分の演奏で録音し、それを再生しながらcを弾いていくことも愉しいでしょう。

6.種子と種を蒔く人　隊長のヨノイ大尉の心をまどわす存在セリアズを殺そうと襲うヤジマ上等兵。ローレンスを抱えて逃げようとするセリアズ。かれと対決するヨノイ大尉のシーンの音楽。プレスト・アジタートの緊迫したリズミックな展開。それにつづくゆっくりとしたポコ・アダジオ・ソステヌートの繰り返し。最後は主要テーマや発芽のモティーフの変型。

7.短い出会い　ローレンスのモノローグのシーンの音楽。ここも5.の「闘いの前」とおなじように、Iのパートの繰り返しをあらかじめ録音しておいて、それに9小節目から登場してくるIIのパートの美しい下降音型ふうの旋律的なうごきを演奏しながらくわえていくこともできます。あるいは友人との二重奏も。

8.ライド・ライド・ライド　セリアズが独房で少年時代の回想をするシーン。弟自身が作曲し、歌うことになっている唄。もともとはニュージーランドの作曲家ステファン・マッカーディが、ニュージーランドのフォーク・ソングをすこしアレンジしたものらしい。映画では弟がボーイ・ソプラノの奇妙な音程感でうたっているが、素朴だが、しみじみとした唄。この唄が歌われると、このせむしの少年がいっそう不気味な存在にみえてくる不思議な表現のリアリティがみられた。ここではバラードふうに、リリカルにすっきりとピアノにアレンジされている。

9.ザ・ファイト　セリアズの回想シーン。かれと弟が教会の帰り道で少年たちの一群に待ち伏せされるところの音楽。ここではシンセサイザーのほかに、ティンパニー、ピアノがくわえられて、緊迫した表現をうみだしていた。

10.出ていけ——集合　日本軍の命令に服従しない捕虜たちにごうを煮やしたヨノイ大尉は、全員を収容所の広場に集合させる。ここでも2台ピアノの連弾か、多重録音との協奏で弾くことができます。

11.理性を超えて　ヨノイ大尉は残酷にも、重病患者の捕虜たちまでを酷暑の広場にひきずり出します。ぞろぞろと病棟から列をなして出てくる傷ましい傷病兵たち。ここはオリジナルでは、シンセサイザーを電子音響のエコーのように使っているので、ピアノでは、ずいぶん感じが違っています。

12.種を蒔く　取りまかれた日本軍の一せい射撃で、まさに全捕虜が射殺されようとする直前、セリアズはヨノイ大尉のほうに歩みより、頰にキスします。ヨノイ大尉は失神して倒れます。その場面の音楽。劇的に主要テーマのヴァリエーションが展開されていきます。

13. 最後の後悔　土の中に首だけ残して生きたまま全身埋められたセリアズ。かれの回想シーンの音楽。静かにリリカルに揺れる、甘美なオルゴールのような音楽。

14. ザ・シード　土中に埋められていまや死に瀕しているセリアズ。ヨノイ大尉は深夜こっそりとやってきて、セリアズの髪をすこし切り取って、おごそかに敬礼して立ち去ります。しずかに和音の荘重なうごき。ついでヨノイ大尉の〝発芽〟のモティーフが深い表情をともなって奏され、それに主要主題の変型がすこしあらわれて閉じます。

坂本龍一（さかもと・りゅういち）

1952年〔昭27〕1月17日東京生まれ。新宿高校から東京芸術大学音楽部作曲科に入り、同大学院作曲科へ進んで修士課程を修了。この間、松本民之助に作曲を学んだ。

大学時代に4曲のオーケストラ曲、数曲の合唱曲、歌曲、その他室内楽曲、器楽曲がある。ピアノ曲も〈ピアノ組曲〉1970、〈Metaphonem〉1974などがあり、その後も高橋アキによって初演された〈分散・境界・砂……〉1976、高橋悠治によってしばしば演奏されている〈僕自身のために〉1978などがある。ポピュラー界では、すでに大学在学中から数多くのミュージシャンとセッション活動をつづけていたが、ソロ・アルバム〈千の

ナイフ〉1978を発表、同年、〈イエロー・マジック・オーケストラ〉に参加してアルバムを出し、以後、このY・M・Oのメンバーとして華麗な活躍をつづけているのは衆知の事実である。1979年には〈アメリカン・フィーリング〉でレコード大賞編曲賞を受賞した。

なお、〈戦場のメリークリスマス〉ピアノ版は、坂本龍一自身の演奏によるカセット盤が『Avec Piano』（K・I・C思索社刊）のタイトルで出版されている。これを参考として聴かれるといいだろう。かれはなかなかピアノもうまい。高橋悠治との連弾で、シェーンベルクの初期ピアノ曲〈4手のための6つの小品〉の第2ピアノを演奏しているレコードが出されていたりする。

1. Merry Christmas Mr. Lawrence

music by Ryuichi Sakamoto

Andante

2. Batavia

music by Ryuichi Sakamoto

3. Germination

music by Ryuichi Sakamoto

a tempo

21

4. A Hearty Breakfast

music by Ryuichi Sakamoto

5. Before The War

music by Ryuichi Sakamoto

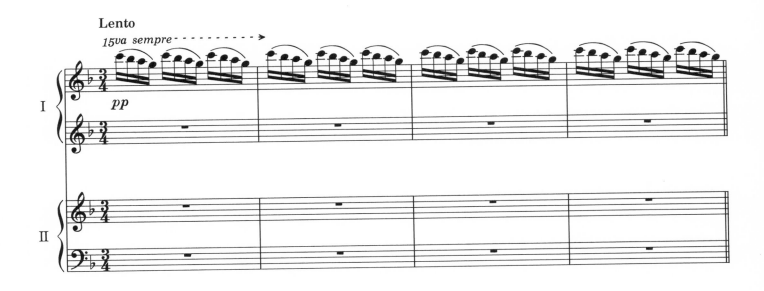

6. The Seed And The Sower

music by Ryuichi Sakamoto

7. A Brief Encounter

music by Ryuichi Sakamoto

8. Ride Ride Ride

words and music by Stephen McCurdy

41

9. The Fight

music by Ryuichi Sakamoto

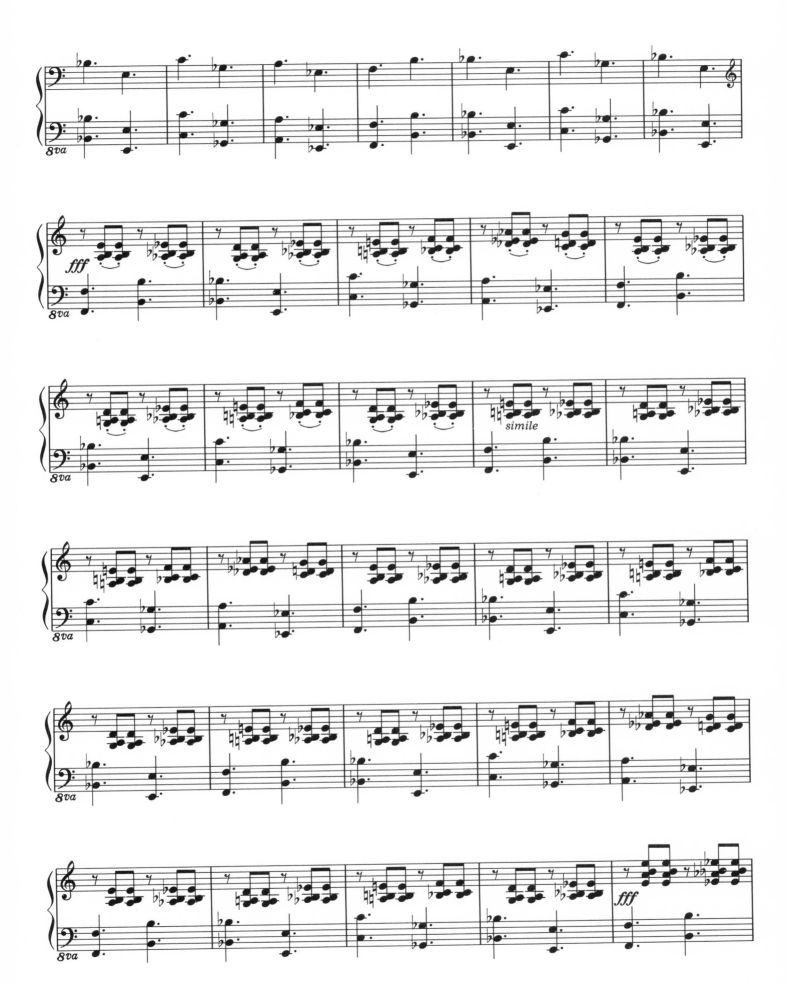

10. a. Dismissed!
b. Assembly

music by Ryuichi Sakamoto

11. Beyond Reason

music by Ryuichi Sakamoto

12. Sowing The Seed

music by Ryuichi Sakamoto

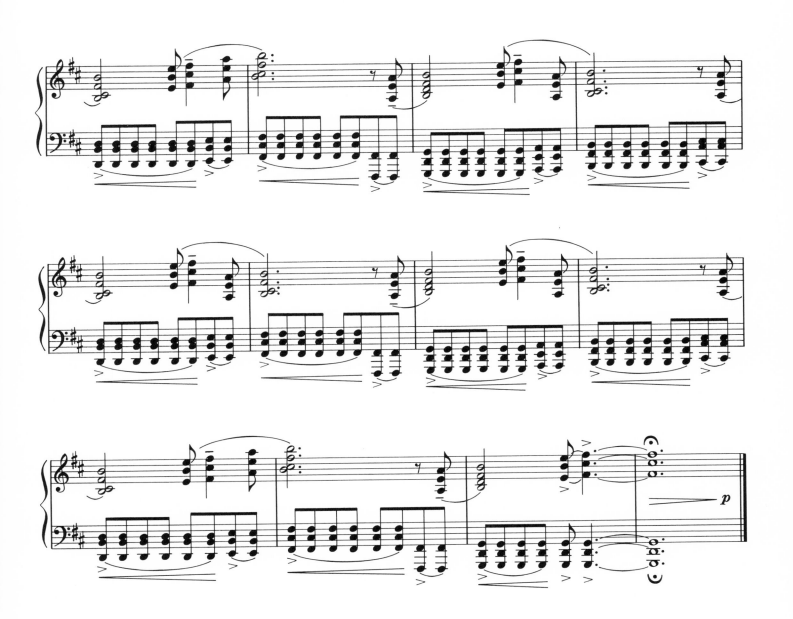

13. Last Regrets

music by Ryuichi Sakamoto

14. The Seed

music by Ryuichi Sakamoto

SOUND·TRACK 選曲.

M#2　タイトル(メイン)
M#3　Jawa, Batavia.　(2'03")　M#34 = M#23
M#4　流floo　OUT + タイトル.　(0'47")
M#6　collers (ブロック？　(1'47")　M#9 + M#11
M#7　絞首刑　(1'21")
M#9　サジキ室, YONOI + Lawrence　(0'22")
M#10　拷問　(1'25")　M#4 + M#11.
M#11　拷問　YONOI + Colling　(1'09")　M#4 + M#9
M#12　「2.26」YONOI + Lawrence　(2'14")
M#13　ロケット切開　(3'05")
M#14　「墓」, YONOI　(5'+)(0'17")
M#16　#52 YONOI + Colliers　(5'22")　= M#28
M#17　「モチヤマ」Lawrence　(2'46")
M#18　第一の報.　= M#32
M#19　ヒトスジ　(1'54")
M#20　Colliers + brother　(0'38")　{ 拷問(1'26")
M#21　〃　(0'46")
M#22　〃　(1'14")
M#23　「フロ-アフタ-ヤマズ」　(2'06")　= M#2 + M#34
M#24　dismissed !　(0'09")
M#25　拷問署名　(2'46")　= M#10
M#28　埋め.　} (2'48")
M#29　「ヒゲソリ」YONOI + colliers　(2'02")　= M#16.
M#30　坊主頭 with colliers　(0'35")　= M#等 33.
M#31　「Lock of hair」
M#32　「追(憶)」,@追憶　(1'30")　= M#20, 21, 22.　= M#18.

M#33　Colliers さず、ほか.　(1'04")　= M#29.
M#34　"Merry Christmas, Mr. Lawrence (5'14")" = M#2 + M#23.

▸ ア/日.Free Time.
▸ テーマ変奏(M#2, M#34)　──── Free Time.
▸ M#13　──── Free Time.

1　Theme (Free Time)　Inst. OR Vocal.
2　M#3
3　M#4
4　M#6
5　M#11
6　M#12
7　M#13 (Free Time)
8　M#16
9　M#17
10　M#18
11　M#19
12　M#20 + 21
13　M#3
14　M#15
15　M#26 + 27
16　M#28
17　M#30
18　M#31
19　M#32
20　M#33
21　Theme (Free Time)　Inst OR Vocal.

YAMO MUSIC. publisher.

Merry Christmas Mr. Lawrence	メリークリスマス・ミスターローレンス	4:45
Batavia	バタヴィア	0:48
Germination	発芽	2:08
A Hearty Breakfast	腹いっぱいの朝食	1:14
Before The War	闘いの前	1:42
The Seed And The Sower	種子と種を蒔く人	3:51
A Brief Encounter	短い出会い	2:20
Ride Ride Ride	ライド・ライド・ライド	0:59
The Fight	ザ・ファイト	1:19
Dismissed! / Assembly	出て行け〜集合	1:48
Beyond Reason	理性を超えて	1:23
Sowing The Seed	種を蒔く	1:28
Last Regrets	最後の後悔	2:03
The Seed	ザ・シード	1:06

＊演奏時間は、1983年4月29日、音響ハウスに於ける思索社
刊思索カセットブックス『坂本龍一 Avec Piano 戦場のメリ
ークリスマス』のためのレコーディング時のものである。

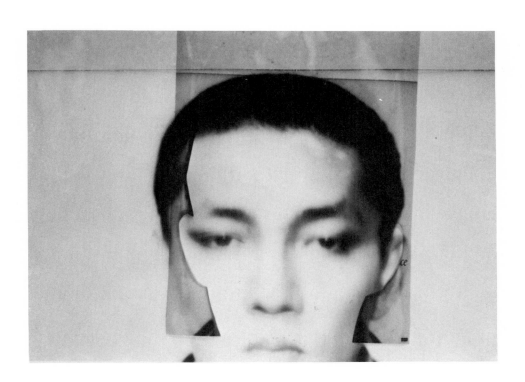

Avec Piano/ Ryuichi Sakamoto
Merry Christmas Mr. Lawrence

作曲者　坂本龍一
昭和58年 8 月25日初版発行
平成28年 5 月25日51版発行
発行　株式会社　やのミュージック
　　　株式会社　本本堂
発売　株式会社　全音楽譜出版社
東京都新宿区上落合2丁目13番3号　〒161-0034
電話　営業部　03 (3227) 6270　出版部　03 (3227) 6280
URL　http://www.zen-on.co.jp/
ISBN978-4-11-190300-9　C0073　　　1605055